La exploración del espacio

del espacio

T0136641

Christine Dugan

Asesores

Timothy Rasinski, Ph.D.
Kent State University

Mark Sisson
Ingeniero

Créditos

Dona Herweck Rice, *Gerente de redacción*

Robin Erickson, *Directora de diseño y producción*

Lee Aucoin, *Directora creativa*

Conni Medina, M.A.Ed., *Directora editorial*

Stephanie Reid, *Editora de fotos*

Rachelle Cracchiolo, M.S.Ed., *Editora comercial*

Basado en los escritos de *TIME For Kids*.

TIME For Kids y el logotipo de *TIME For Kids* son marcas registradas de TIME Inc. Usado bajo licencia.

Teacher Created Materials

5301 Oceanus Drive
Huntington Beach, CA 92649-1030
http://www.tcmpub.com
ISBN 978-1-4333-4483-1
© 2012 Teacher Created Materials, Inc.
Printed in China
YiCai.032019.CA201901471

Tabla de contenido

Un nuevo mundo

En 1492, el explorador Cristóbal Colón descubrió un "nuevo mundo". Lo cierto era que ese "mundo" siempre había estado allí, pero para Colón y su gente era nuevo.

Más de 450 años después, casi todo el planeta ya había sido "descubierto". Sin embargo, los seres humanos querían seguir explorando, igual que Colón. Pero, ¿adónde ir? ¡Hacia arriba! Las personas comenzaron a explorar el espacio.

▲ Cristóbal Colón cruzó el océano en un barco.

El espacio ofrece grandes posibilidades para la exploración humana. En las últimas **décadas** hemos aprendido mucho acerca del espacio. Sin embargo, y para fortuna de los exploradores actuales, aún queda mucho más por explorar.

Los exploradores espaciales de la actualidad utilizan otros tipos de naves, pero tienen el mismo espíritu aventurero que Colón. ▶

Las primeras exploraciones

La exploración moderna del espacio comenzó oficialmente el 4 de octubre de 1957. Fue en esa fecha cuando el primer **satélite** artificial (hecho por el hombre) fue lanzado al espacio. Se llamaba *Sputnik 1* y fue construido por la **Unión Soviética**. Estuvo en **órbita** alrededor de la Tierra durante seis meses.

El 3 de noviembre de 1957, la Unión Soviética mandó el *Sputnik 2* al espacio con una pasajera. Era una perra llamada Laika. Laika vivió varias horas en el espacio. Lamentablemente, murió a causa de **agotamiento por calor**, debido a las altas temperaturas en el satélite.

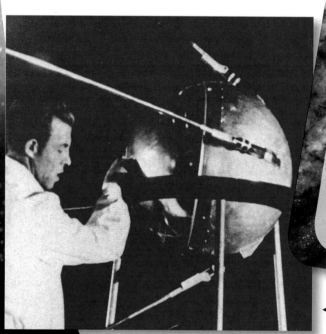

La Unión Soviética

La Unión de Repúblicas Socialistas Soviéticas (URSS), también llamada la Unión Soviética, era un grupo de países unificados de Asia y Europa. Rusia era el más grande de estos países. En 1991, la Unión Soviética se dividió en naciones individuales.

◄ *Sputnik 1*

¿Qué es?

Un satélite artificial es un objeto que las personas mandan al espacio para que esté en órbita alrededor de la Tierra o para acercarse a otros planetas o al Sol.

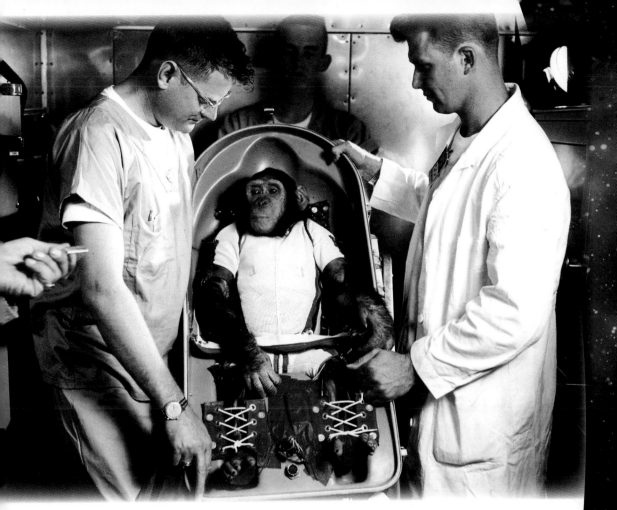

▲ Ham, un chimpancé, fue al espacio en 1961.

Dos perros más viajaron al espacio, pero regresaron sanos y salvos en paracaídas. Luego, un chimpancé llamado Ham visitó el espacio y volvió a la Tierra en perfecto estado de salud. Cuatro meses después del lanzamiento del *Sputnik 1*, Estados Unidos envió la nave *Explorer 1* para que orbitara la Tierra.

Además de perros y monos, se han enviado al espacio ranas, ratones, peces, abejas, moscas, hormigas, erizos de mar y más de 2,000 medusas. Estos animales se envían para que los científicos puedan estudiar los efectos del espacio en los seres vivos.

NASA

La humanidad ahora tenía la esperanza de enviar seres humanos al espacio. En 1958, los Estados Unidos fundaron la Administración Nacional de Aeronáutica y del Espacio, conocida como **NASA**, por sus siglas en inglés. La **aeronáutica** es el estudio, diseño y construcción de aeronaves. La NASA organiza los viajes espaciales de los Estados Unidos.

▼ los primeros astronautas de los Estados Unidos

En 1961, el presidente Kennedy de los Estados Unidos lanzó un reto: le pidió a su país que pusiera un hombre en la Luna antes de que terminara la década. ¿Podrían lograrlo? La NASA estaba lista para averiguarlo.

¿Qué hace la NASA?
Los científicos e ingenieros de la NASA investigan el espacio y todo lo relacionado con él. También trabajan aquí en la Tierra para ayudar a los astronautas cuando viajan al espacio.

▲ El presidente John F. Kennedy fue un importante partidario de la exploración espacial.

◀ el astronauta
Alan Shepard,
el primer
estadounidense
en el espacio

El proyecto Mercurio fue el primer programa espacial **tripulado** de los Estados Unidos. La NASA quería poner una nave espacial en órbita alrededor de la Tierra. También querían saber cómo una persona podía viajar y vivir en el espacio. A partir de 1961, los **astronautas** hicieron seis viajes al espacio como parte del proyecto Mercurio.

Luego vino el proyecto Gemini. Hubo 12 vuelos Gemini entre 1965 y 1966. En ellos, la NASA aprendió más sobre los viajes espaciales y lo que podía ocurrir en un largo viaje por el espacio.

◀ *Gemini*

La carrera al espacio

Yuri Gagarin, un **cosmonauta** de la Unión Soviética, fue el primer ser humano en volar al espacio. A bordo del *Vostok 1*, realizó una órbita alrededor de la Tierra el 12 de abril de 1961. Un cráter de la Luna fue bautizado en su honor.

▲ Yuri Gagarin

◄ Usaban cohetes para lanzar a los astronautas al espacio. Se levantaban los cohetes lentamente a una posición vertical para el despegue.

Finalmente, la NASA estaba lista para el proyecto Apolo, la misión que pondría al ser humano en la Luna. Este proyecto fue muy emocionante para todos los habitantes de la Tierra. El 20 de julio de 1969, los astronautas aterrizaron y caminaron en la Luna por primera vez. La humanidad quedó atónita cuando el astronauta Neil Armstrong puso pie en la Luna y dijo: "Este es un pequeño paso para un hombre, pero es un gran salto para la humanidad".

▼ Cuando los astronautas del *Apolo 11* aterrizaron en la Luna, lograron responder al reto del presidente Kennedy.

¿Cuánto?

Los viajes espaciales no son baratos. El costo total del programa Apolo fue de $25 mil millones de dólares. Hoy en día, ¡eso es $125 mil millones de dólares!

Alrededor del mundo

Más de 600 millones de personas en todo el mundo vieron los famosos pasos de Neil Armstrong por televisión.

El trío lunar

Cuando Neil Armstrong puso pie en la Luna, el astronauta Edwin (Buzz) Aldrin lo siguió. Como Armstrong sostuvo la cámara, en la mayoría de las fotografías del aterrizaje aparece Aldrin, con Armstrong reflejado en el casco. Un tercer astronauta, Michael Collins, piloteó el módulo de mando en órbita alrededor de la Luna.

Durante las misiones Apolo, los astronautas también hicieron experimentos en el espacio. Los once viajes Apolo entre 1968 y 1972 fueron de los momentos más sorprendentes de la historia de la exploración espacial.

Transbordadores espaciales

En 1972, la NASA decidió utilizar otra estrategia para los viajes espaciales. Hasta entonces, los astronautas viajaban al espacio en cohetes que sólo se utilizaban una vez. La NASA pensó en construir un **transbordador espacial** que pudiera usarse una y otra vez. Debía ser capaz de despegar como un cohete, pero también aterrizar como avión.

Después de muchos años de construcción y pruebas, el transbordador espacial *Columbia* viajó al espacio en 1981. ¡Fue un gran éxito!

Velocidad de un transbordador

Los transbordadores espaciales viajan a aproximadamente 17,500 millas por hora, es decir, casi 5 millas por segundo. Esto es unas 30 veces más rápido que un avión comercial de pasajeros.

▲ La imagen de la bandera en el transbordador mira hacia atrás. Los diseñadores querían que pareciera que la bandera se movía en la dirección del viento.

cohete

compartimento
para la tripulación

transbordador

fuselaje

puertas de la
bahía de carga

ala

estabilizador

Despedida del transbordador espacial

En el 2011, el último transbordador espacial aterrizó en el Centro Espacial Kennedy. El programa de transbordadores espaciales había terminado. Los trabajadores de la NASA se reunieron para celebrar el trabajo que habían hecho. Gente en todo el mundo trabaja para desarrollar nuevas formas de viajar al espacio.

Tragedias en el espacio

Los viajes espaciales quizá parezcan algo ordinario en la actualidad, pero son peligrosos. Lamentablemente, en ocasiones ocurren accidentes y los astronautas de una misión mueren o se lesionan.

El 27 de enero de 1967, los tres astronautas a bordo del *Apolo 1* murieron en la plataforma de lanzamiento. Comenzó un incendio en la **cabina** y no pudieron escapar.

Por un pelo

En 1970, debido a una explosión, los astronautas del *Apolo 13* no pudieron aterrizar en la Luna y estuvieron a punto de no poder volver a la Tierra. Gracias a sus habilidades, y con la ayuda del personal de la NASA, evitaron una tragedia y volvieron a casa como héroes.

Maestra espacial

Una de las personas que viajaban en la última misión del *Challenger*, Christa McAuliffe, no era una astronauta profesional. Fue la primera maestra estadounidense en ser seleccionada para ir al espacio. Pensaba dar clases a los niños desde el espacio.

▲ Esta imagen fue tomada por un satélite. Muestra al *Challenger* más arriba de las nubes de la Tierra, con las puertas cargas abiertas.

En 1986, en su décima misión, el transbordador espacial *Challenger* explotó en el aire, apenas 73 segundos después de despegar. Los siete tripulantes murieron.

El 1 de febrero de 2003 ocurrió otro desastre en un transbordador espacial. El *Columbia*, el transbordador espacial más antiguo de la NASA, se destruyó tan sólo dieciséis minutos antes de la hora programada para el aterrizaje. Todos los tripulantes murieron.

El telescopio Hubble

¿Alguna vez has visto una fotografía de otro planeta? ¿Te has preguntado cómo tomaron esa fotografía? Bueno, es probable que no haya sido tomada por una persona, sino por el **telescopio Hubble**.

El telescopio Hubble es una herramienta muy especial. ¡Viaja por el espacio! Desde allí, toma fotografías de estrellas, planetas y otros objetos. Ha estado en el espacio desde 1990.

El telescopio Hubble nos permite explorar el espacio de una forma diferente. Podemos estudiar objetos que están tan lejos que no podemos llegar hasta ellos.

◄ el telescopio Hubble

fotografías de una galaxia, tomadas por el telescopio Hubble de la NASA ▼

Edwin Hubble

El telescopio Hubble fue bautizado así en honor de Edwin Hubble, un famoso astrónomo.

◀ una fotografía del Lazo de Cygnus y la galaxia Remolino

sonda espacial Huygens ▼

Viaje a Saturno

La sonda espacial Huygens está diseñada para descender a Titán, la luna más grande de Saturno. Explorará Titán y enviará imágenes a la Tierra para que sean estudiadas por los científicos. Diecisiete países colaboraron para construir la sonda Huygens y la nave espacial *Cassini* que la llevó a Titán. La sonda Huygens aterrizó con éxito en Titán a principios del 2005.

La Estación Espacial Internacional

Hoy en día, una de las cosas más emocionantes en el espacio es la **Estación Espacial Internacional**. Es el mayor objeto fabricado por los seres humanos en el espacio. Es casi como una pequeña ciudad espacial.

La primera tripulación comenzó a vivir en el espacio en el año 2000. Dieciséis países colaboran en el proyecto con la esperanza de conocer más sobre el espacio. Esta "ciudad" espacial ya es grande, pero sigue creciendo. Cuando esté terminada, será un poco más larga que un campo de fútbol.

▲ Estados Unidos, Rusia y varios países más colaboran para mantener la Estación Espacial Internacional en operación.

La vida en el espacio

Los astronautas pueden vivir en el espacio durante períodos cada vez mayores. Algunos han estado en la Estación Espacial Internacional durante varios meses. Entre 1994 y 1995, el cosmonauta Valeri Polyakov vivió 438 días en el espacio.

▲ estación espacial Mir

Historia de las estaciones espaciales

La Estación Espacial Internacional no es la primera estación en el espacio. Aquí se muestra algunos de los sucesos más importantes en la historia de las estaciones espaciales:

Salyut 1

- La primera propuesta de una estación tripulada se presentó en Estados Unidos en 1869, en un libro de ciencia ficción.

- La Unión Soviética lanzó la primera estación espacial, Salyut 1, en 1971. Los primeros tripulantes llegaron unos días después, pero no pudieron abrir la escotilla y tuvieron que volver a la Tierra.

Skylab

- La segunda tripulación soviética llegó al Salyut 1 y permaneció veintidós días a bordo. Por desgracia, murieron de camino a la Tierra, cuando el aire escapó de su cápsula.

- Estados Unidos puso en órbita su primera estación espacial, Skylab, en 1973. Tres tripulaciones vivieron en ella hasta febrero de 1974. Skylab cayó a la Tierra cinco años después, matando una vaca en Australia.

Mir

- En 1986, Rusia lanzó el primer módulo de la estación espacial Mir. Estuvo habitada de manera casi continua hasta que volvió a la Tierra en marzo del 2001. Se estrelló en los mares del Pacífico Sur.

La Estación Espacial Internacional completa una vuelta alrededor de la Tierra cada 90 minutos. Puedes ver la estación espacial desde la Tierra cuando pasa sobre tu ciudad.

¿Qué hacen los astronautas cada día? Tienen mucho trabajo. En primer lugar, deben mantener la estación espacial funcionando de manera correcta. Sus vidas dependen de ello. También se mantienen ocupados haciendo experimentos.

▲ Un astronauta prueba equipo.

▲ Esta es la dirección en la que la Estación Espacial Internacional orbita la Tierra.

▲ En el espacio hay lugares a los que los seres humanos no pueden ir, porque hace demasiado frío o demasiado calor, por ejemplo. Los robots, como este explorador de Marte, están diseñados para ir a estos lugares. ¡Sorprendente!

Inventos espaciales

Muchas cosas inventadas para ser usadas en el espacio son usadas por las personas en la vida cotidiana. Las palancas de mando para los videojuegos se desarrollaron con tecnología empleada para controlar dispositivos ambulantes en la Luna. Los detectores de humo se usaron por primera vez en una estación espacial en órbita para detectar gases venenosos. Aparatos de ortodoncia invisibles están hechos con un resistente material que la NASA desarrolló para naves espaciales.

Una de las cosas que los astronautas quieren conocer es la manera en que la ingravidez afecta al cuerpo. Los astronautas hacen experimentos en carne propia para ver cómo sus cuerpos responden a la vida en el espacio. De esta manera, aprendemos la forma en que todos podrán algún día vivir de manera segura en el espacio. Estos experimentos también nos enseñan acerca de la salud de las personas aquí en la Tierra.

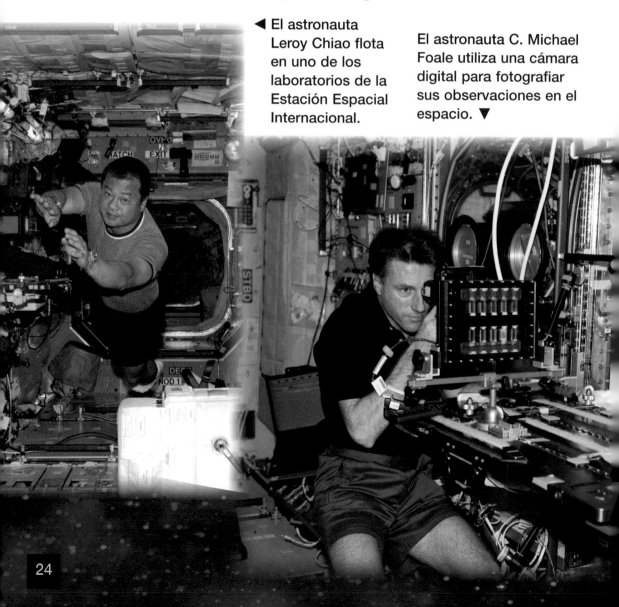

◀ El astronauta Leroy Chiao flota en uno de los laboratorios de la Estación Espacial Internacional.

El astronauta C. Michael Foale utiliza una cámara digital para fotografiar sus observaciones en el espacio. ▼

En la estación espacial, los astronautas también estudian la Tierra y le toman fotografías. Desde el espacio pueden ver cosas que no podemos ver aquí.

▲ Esta es la vista de la Tierra desde la Estación Espacial Internacional.

Nuestro futuro en el espacio

Hemos explorado el espacio con cohetes, transbordadores espaciales y estaciones espaciales. ¿Qué sigue? La gente descubrirá maneras para permanecer por más tiempo en el espacio. Los científicos están estudiando maneras para hacer los viajes espaciales más fáciles. Con el tiempo, podremos explorar grandes distancias.

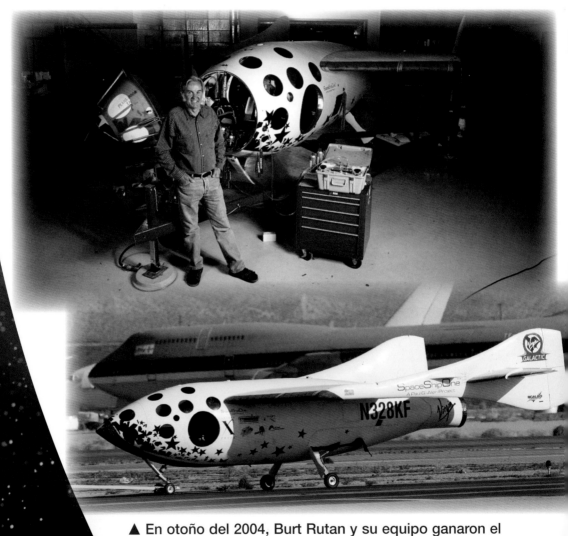

▲ En otoño del 2004, Burt Rutan y su equipo ganaron el premio Ansari X por ser la primera misión privada con tripulación en enviar una nave espacial reutilizable dos veces al espacio en un período de dos semanas.

En el futuro, las cohetes pueden ser propiedad de personas y no de la NASA. El 21 de junio del 2004, un avión cohete llamado *SpaceShipOne* fue lanzado desde un desierto del estado de California e hizo un breve viaje al espacio. Desde entonces, se han realizado otros viajes. Este acontecimiento significa que tal vez algún día la gente volará al espacio tan fácilmente como ahora vuela en avión.

▲ *SpaceShipOne* es una revolución en los viajes espaciales.

Astronautas famosos

¿Quiénes son los valientes hombres y mujeres que han hecho posible la exploración del espacio? Aquí se muestra una lista de varios de los astronautas más famosos de los Estados Unidos.

Alan Shepard piloteó el primer cohete enviado por los Estados Unidos al espacio.

John Glenn fue el primer astronauta estadounidense que orbitó la Tierra. Dio tres vueltas a la Tierra en aproximadamente cinco horas. También fue el hombre más viejo en el espacio a los 77 años de edad.

Guion S. Bluford Jr. también voló en el *Challenger* en 1983. Fue el primer estadounidense afroamericano en el espacio.

Sally Ride fue la primera mujer estadounidense en viajar al espacio. Viajó en el *Challenger* en 1983.

Ellison Shoji Onizuka fue el primer asiático americano en el espacio. Estuvo en dos misiones del transbordador espacial. Murió en el *Challenger*, en 1986.

Mae Jemison fue la primera mujer afroamericana en el espacio, a bordo del *Endeavour* en 1992.

Con la ayuda de la NASA y de los valientes astronautas, cada día conocemos más acerca del "nuevo mundo" del espacio. Sólo el tiempo nos dirá qué depara el futuro de la exploración espacial.

Glosario

aeronáutica—el diseño y la construcción de aeronaves

agotamiento por calor—el estado de estar muy cansado o enfermo por el calor

astronauta—una persona cuyo trabajo es pilotear o dirigir una nave espacial, o ayudar en ella como tripulante

cabina—el área de un transbordador espacial donde se sienta el piloto

cosmonauta—un astronauta de la Unión Soviética o Rusia

década—un período de diez años

Estación Espacial Internacional—una "ciudad" permanente en el espacio, donde dieciséis países trabajan juntos para investigar el espacio y la Tierra

NASA—la Administración Nacional de Aeronáutica y del Espacio, una organización encargada de los viajes espaciales de los Estados Unidos

órbita—el movimiento circular o elíptico alrededor de un objeto en el espacio

satélite—un objeto lanzado al espacio para que orbite la Tierra u otro cuerpo espacial

telescopio Hubble—una herramienta que puede tomar fotografías en el espacio

transbordador espacial—un tipo de nave espacial que puede usarse varias veces; despega como cohete pero aterriza como avión

tripulado—con personas a bordo

Unión Soviética—Unión de Repúblicas Socialistas Soviéticas, un grupo de países unificados de Asia y Europa que desapareció en 1991; Rusia era el mayor de los países que la formaban

Índice

Acerca de la autora

Christine Dugan obtuvo su título de la Universidad de California en San Diego. Dio clases de escuela primaria por varios años antes de decidirse a enfrentar un nuevo reto en el campo de la educación. Ha trabajado como diseñadora de productos, escritora, editora y asistente comercial para varias editoriales educativas. En los últimos años, Christine obtuvo su máster en educación y actualmente trabaja como autora y editora independiente. Vive en el Pacífico Noroeste con su esposo y sus dos hijas.

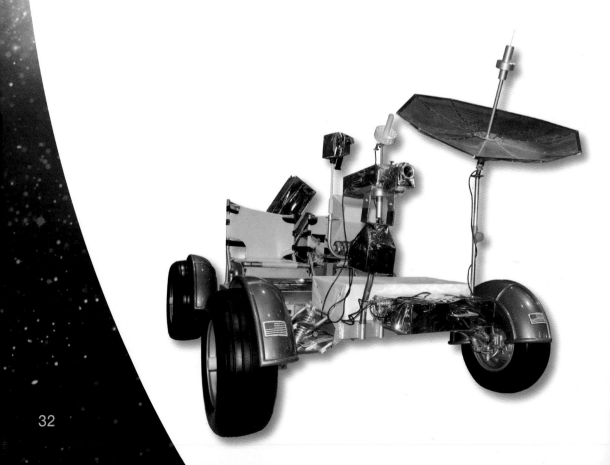